RAPPORT

SUR LES

RÉFORMES A APPORTER

AUX LOIS RELATIVES

A LA

Protection des Marques de Fabrique françaises

EN FRANCE & A L'ÉTRANGER

Par Julien HAYEM

PARIS

IMPRIMERIE CH. MARÉCHAL ET J. MONTORIER

16, PASSAGE DES PETITES-ÉCURIES, 16

1884

RAPPORT

RÉFORMES A APPORTER

AUX LOIS RELATIVES

A LA

Protection des Marques de Fabrique françaises

EN FRANCE & A L'ÉTRANGER

Par Julien HAYEM

PARIS

IMPRIMERIE CH. MARÉCHAL ET J. MONTORIER

16, PASSAGE DES PETITES-ÉCURIES, 16

—

1884

RAPPORT

Sur les Réformes à apporter aux Lois relatives à la protection des Marques de fabrique françaises, en France et à l'étranger.

M. le Ministre des Affaires Étrangères s'adressant, le 6 mars dernier, dans la conférence sur la « Propriété industrielle » aux représentants des puissances étrangères, s'exprimait en ces termes : « Vous aurez ainsi dans ce siècle, qui « est par excellence le siècle de l'industrie et « des inventions scientifiques, puissamment con- « tribué à encourager l'industrie en mettant ses « créations à l'abri des imitations de mauvaise « foi et à stimuler le génie des inventeurs, en « leur garantissant la possession des fruits de « leurs découvertes. Vous aurez étendu et for- « tifié de la manière la plus heureuse, cette « ligue de la civilisation et de la moralité qui « affirme le principe de la protection due à la « propriété privée sous toutes ses formes. »

Depuis quelques années, le commerce et l'industrie en France sont frappés de maux que tout le monde reconnaît et auxquels il importe de porter sans retard d'utiles et efficaces remèdes! Un des plus grands et des plus redoutables de ces maux, un de ceux que tous les bons esprits sont unanimes à signaler et disposés à combattre, consiste dans la concurrence déloyale à laquelle se livrent les étrangers, et particulièrement les Allemands.

Que si la concurrence est un phénomène économique

naturel, fatal, dérivant du besoin qu'ont les peuples et les individus de vivre et de se développer dans le sens du progrès et du bien-être ; que si la concurrence étrangère, qui chaque jour tend à s'accroître, est un fait regrettable pour nous, il faut reconnaître que ce fait est parfaitement légitime et tout à fait licite et qu'il fait honneur aux nations qui rivalisent avec des armes loyales et sincères.

Il n'en est pas de même de cette concurrence qui, grâce à des traités de commerce léonins, ne stipulant pas d'avantages réciproques, usurpe les marques de fabrique françaises, s'approprie les noms, les enseignes, les étiquettes ou emblèmes des producteurs français et, à la faveur de ces fraudes et de ces désignations mensongères, pénètre non seulement sur le territoire national, mais envahit la surface du monde entier! C'est de cette concurrence qu'il est opportun et indispensable de s'occuper ; c'est au progrès et au développement de cette concurrence, chaque jour plus formidable et plus audacieuse, qu'il convient de s'opposer. Il n'y a plus une heure, une minute à perdre !

C'est ce qu'a parfaitement compris la Chambre de commerce de Paris. Aussi, depuis plusieurs années, elle a cherché les moyens d'arrêter sur nos frontières les produits étrangers que des fabricants ou des commerçants établis en France font venir d'Autriche, d'Angleterre ou de Prusse et qu'ils vendent, ensuite, comme objets de fabrication nationale. Il y a déjà longtemps que beaucoup de nos concitoyens ont réclamé soit auprès du ministre du commerce, soit auprès des membres de la Chambre de commerce, contre l'introduction de produits étrangers revêtus de nos marques et ont insisté sur la concurrence funeste que ces marchandises soi-disant françaises créaient aux objets de notre fabrication.

Parmi les moyens si nombreux et si variés employés pour tromper l'acheteur, un des plus simples et des plus usités consiste à présenter la marchandise importée avec ou sous des marques françaises. Les mots : « *Paris. — Nouveautés de Paris. — Mode de Paris. — Paris, Dernières Nouveautés* sont imprimés en gros caractères sur toutes les bandes, cartes, étiquettes qui accompagnent ou enveloppent la marchandise. Quelquefois même ces mentions ne suffisent pas et les armes de la ville de Paris s'étalent triomphalement sur des produits qui ont vu le jour sur les bords de la Sprée ou de la Tamise.

Jusque dans ces dernières années, la loi du 23 juin 1857 a semblé élever un obstacle suffisamment protecteur contre l'invasion des produits revêtus de marques françaises et importés des pays étrangers sur notre territoire.

L'art. 19, dont il est bon de rappeler le texte, avait paru placer une arme efficace entre les mains des juges et des administrateurs des douanes. L'art. 19, en effet, est conçu dans les termes suivants : « Tous produits étrangers por-
« tant soit la marque, soit le nom d'un fabricant résidant
« en France, soit l'indication du nom ou du lieu d'une
« fabrique française, sont prohibés à l'entrée et exclus du
« transit et de l'entrepôt, et peuvent être saisis en quelque
« lieu que ce soit, soit à la diligence de l'administration
« des douanes, soit à la requête du ministère public ou
« de la partie lésée.

« Dans le cas où la saisie est faite à la diligence de
« l'administration des douanes, le procès-verbal de saisie
« est immédiatement adressé au ministère public.

« Le délai dans lequel l'action, prévue par l'art. 18,
« devra être intentée, sous peine de nullité de la saisie,
« soit par la partie lésée, soit par le ministère public, est
« porté à deux mois.

« Les dispositions de l'art. 14 sont applicables aux pro-
« duits saisis en vertu du présent article. »

La Cour de cassation, dans un arrêt en date du 9 avril 1864, donna malheureusement à l'art. 19 une interprétation des plus étroites et des plus défavorables au respect des marques nationales. « Attendu, dit-elle, dans cet arrêt
« devenu fameux, qu'au point de vue où s'est placé le lé-
« gislateur, l'usurpation frauduleuse est l'élément essen-
« tiel de l'infraction qu'il a voulu réprimer; que lorsque
« c'est du consentement et par l'ordre du négociant lui-
« même que sa marque ou son nom, ou son lieu de rési-
« dence ont été apposés, cet élément disparaît; que, de

« même aussi, lorsque les produits ainsi marqués, ont été
« non pas apportés par une simulation mensongère au
« transit et à l'entrepôt, ;mais expédiés sur la commande
« du négociant français à son adresse et à sa destination
« en France, il n'y a plus rien qu'un acte licite et rien qui
« révèle une manœuvre déloyale,
« Attendu que, dans l'art. 19 de la loi du 23 juin 1857,
« il est impossible d'apercevoir une simple disposition de
« loi de douane qui n'aurait envisagé qu'un fait pure-
« ment matériel; que l'art. 19, de même que tous ceux qui
« le précèdent, veut assurer à tout négociant ou fabricant
« comme droit exclusif et propriété facultative, les mar-
« ques, empreintes, lettres ou emblèmes qu'il appose sur
« les objets de sa fabrication ou de son commerce; que ce
« droit ne peut être lésé dès qu'il en a permis ou commandé
« l'usage qui en a été fait, et que lui opposer, sous ce
« dernier rapport, une interdiction qui n'est pas écrite
« dans la loi, ce serait dans bien des cas créer des entra-
« ves à la liberté du commerce ».

Il résulta de cet arrêt que la direction des douanes dut
renoncer à appliquer les prescriptions de l'art. 19 aux produits étrangers portant soit la marque, soit le nom d'un
fabricant résidant en France, soit l'indication du nom ou
du lieu d'une fabrique française, du moment que ces produits étaient introduits en France par des Français ou des
étrangers résidant sur notre territoire, et ayant donné
l'ordre d'apposer sur les produits achetés par eux les désignations ou les mentions mensongères visées par le même
article 19.

Grâce à la jurisprudence introduite par l'arrêt de la
Cour de cassation de 1864, l'importation des produits
étrangers jouit de la plus plus large et de la plus paisible
impunité et prit un développement de jour en jour plus
considérable et plus inquiétant. Enfin, en 1881, M. le
Ministre du commerce, sollicité de tous les côtés, d'inter-
venir en faveur de l'industrie nationale, invita la Chambre de commerce à se porter partie civile contre les intro-
ducteurs de produits étrangers et revêtus de marques françaises.

La Chambre de commerce, par délibération en date du 15 février 1882, résolut de joindre son action à celle de vingt-deux fabricants et se porta partie civile contre des importateurs de boutons fabriqués en Bohême, en Saxe et en Prusse et envoyés dans des cartons portant les désignations suivantes : « *Paris. — Nouveautés de Paris. — Paris, dernière nouveauté. — Paris. Déposé.*

Les commerçants prévenus d'avoir contrevenu aux dispositions de l'art. 19 soutinrent que c'était par leur ordre que les mentions qui viennent d'être énoncées avaient été apposées ; qu'elles ne se proposaient pas de désigner le lieu de fabrication ; mais d'indiquer seulement le lieu de vente de leurs produits et que, dès lors, les prescriptions de l'art. 19 n'avaient pas été violées. Le jugement rendu le 10 août 1882 par la 8e chambre de la police correctionnelle n'admit pas ce système des prévenus et décida que le mot : « *Paris* », imprimé sur les cartes ne pouvait en aucun cas être considéré comme l'indication d'une adresse.

« L'adresse d'une personne, disait le jugement, ne se constitue pas par la seule indication du lieu qu'elle habite le nom de cette personne en est l'élément le plus essentiel. De plus, dans les usages du commerce, comme dans l'opinion du public, la seule indication du nom d'une ville sur un produit fabriqué n'a jamais représenté le lieu où ce produit est vendu, mais le lieu où il est fabriqué. Il s'en suit donc que la fausse indication « Paris » imprimée en tête des cartes sur lesquelles étaient fixés les boutons saisis, était destinée à faire croire que ces boutons avaient été fabriqués à Paris.

« En conséquence, le tribunal condamna les prévenus à 50 francs d'amende chacun et prononça la confiscation de la marchandise saisie. En réparation du préjudice causé aux fabricants qui s'étaient portés parties civiles, il ordonna en outre l'insertion du jugement dans trois journaux judiciaires. Mais l'intervention de la Chambre de commerce fut déclarée non recevable, « attendu que les chambres de commerce, instituées pour donner leur avis sur les questions qui intéressent le commerce en général,

sont sans qualité pour défendre en justice les intérêts com-
merciaux des commerçants de leur ressort. »

Les fabricants condamnés, à l'exception d'un seul, rele-
vèrent appel de cette décision, qui fut acceptée par la
Chambre de commerce. Mais la Cour, conformément aux
conclusions de M. l'avocat général Calary, a décidé qu'au-
cune fraude n'était établie à la charge des appelants et a
renvoyé ceux-ci des fins de la poursuite :

« Considérant que ni la loi du 28 juillet 1824, ni l'article
« 19 de la loi du 23 juin 1857 ne sont des lois de douane
« atteignant un fait purement matériel d'importation
« étrangère, mais bien des lois protectrices de la propriété
« industrielle; que, pour que ces textes soient applicables,
« il faut qu'il ait été fait un usage frauduleux d'une mar-
« que ou d'un nom usurpés, de manière à causer préjudice
« tout à la fois au public et aux maisons de commerce
« ayant un droit privatif aux noms et marques usurpés ;

« Considérant qu'il résulte des documents produits et
« qu'il n'est point contesté que l'indication « Paris » a été
« apposée sur les cartes dont s'agit par ordre des appe-
« lants, lesquels sont domiciliés à Paris et y exercent le
« négoce ; que les boutons saisis, fabriqués sur leur com-
« mande, leur étaient destinés ;

« Considérant qu'il n'est pas établi que Paris soit pour
« les boutons un lieu particulièrement renommé de fabri-
« cation, comme le seraient Elbeuf et Sedan pour les
« draps ; que le mot « Paris » tracé sur les cartes saisies
« indiquait seulement que ces objets devaient être débités
« comme articles de Paris, qualification que les appelants
« ont le droit d'imprimer à leurs marchandises par cela
« seul que le siège de leur commerce est à Paris... »

On comprend aisément quelle légitime émotion produisit
l'arrêt de la Cour d'appel de Paris. Aussi s'est-on empressé
de le déférer à la Cour de cassation. La Chambre de commerce de Paris, dont l'intervention n'avait pas été déclarée
recevable par le jugement et qui, par conséquent, était
reconnue judiciairement impuissante à défendre en justice
les intérêts des commerçants faisant partie de son ressort,
a cru nécessaire, en présence de la jurisprudence établie

par l'arrêt de la Cour de cassation de 1864 et consacré, il
y a quelques mois, par la Cour de Paris, de ne pas atten-
dre un nouvel arrêt de la Cour de cassation et de porter la
question devant le Parlement.

A cet effet, elle a confié à un de ses membres les plus
compétents, à M. Jules Piault, un rapport sur les modifications à apporter à l'art. 19. S'inspirant à la fois des intérêts de l'industrie française et de l'exemple de l'Angleterre
qui interdit l'importation en transit de tout article de
manufacture étrangère, portant un nom, une bande ou une
marque impliquant que cet objet a été fabriqué dans le
Royaume-Uni, la Chambre de commerce a proposé de
substituer à l'art. 19 un nouvel article ainsi conçu :

« Art. 19. Tous produits étrangers portant soit sur eux-
« mêmes, soit sur des enveloppes, bandes ou étiquettes,
« la marque ou le nom d'un fabricant (nous proposons
« d'ajouter : ou d'un commerçant) résidant en France, ou
« bien l'indication d'un nom de ville ou d'un lieu d'une
« fabrique française, même sous forme d'adjectif ou de
« complément (MODE *parisienne*, BOUTON *parisien*, MODE
« *de Paris.* — NOUVEAUTÉ *de Paris*, etc.) ou sous forme
« d'adresse, sans qu'il y ait lieu de rechercher s'il y a in-
« tention frauduleuse ou non, *sont absolument prohibés*
« à l'entrée et exclus du transit et de l'entrepôt, et peu-
« vent être saisis, en quelque lieu que ce soit, soit à la
« diligence de l'administration des douanes, soit à la
« requête du ministère public ou de la partie lésée.

« Si le produit portant l'indication d'un nom de ville ou
« du lieu d'une fabrique française a été fabriqué dans
« une ville ayant un nom semblable à une ville de France
« ou à un lieu de fabrique française, il ne pourra être im-
« porté qu'à la condition expresse de faire suivre le nom
« de la ville ou le lieu de fabrique du nom du pays d'ori-
« gine.

« Dans le cas où la saisie est faite à la diligence de l'ad-
« ministration des douanes, le procès-verbal de saisie est
« immédiatement adressé au ministère public.

« Le délai dans lequel l'action prévue par l'art. 18 devra

« être intentée sous peine de nullité de la saisie, soit par
« la partie lésée, soit par le ministère public, est porté à
« deux mois.

« Les dispositions de l'art. 14 sont applicables aux pro-
« duits saisis en vertu du présent article. »

Il est évident, Messieurs, que la Chambre de commerce
a, par la rédaction d'un nouvel article 19, fait une œuvre
patriotique et nationale, et qu'il faut lui savoir le meilleur
gré de cette heureuse et féconde proposition. Il est évident
qu'en forçant, comme cela se pratique depuis 1872 en
Angleterre, le commerçant français à vendre des produits
fabriqués à l'étranger avec la mention du nom de la ville
ou du lieu de fabrique, avec l'indication du pays d'origine,
nous verrons l'importation étrangère se réduire dans des
proportions considérables. Quel acheteur en France vou-
drait ou oserait mettre en vente les produits de nos industries, accompagnés de ces mots : « Fabriqué à Berlin. —
Manufacture à Vienne », ou avec les mentions « Saxe,
Bohème ? »

Mais la Chambre de commerce n'a traité qu'un seul côté
de la question. Elle ne s'est occupée que de la vente à
l'intérieur et sur le marché français ; or, est-ce que la
concurrence étrangère n'est pas autant ou plus à redouter
sur les marchés étrangers que sur notre propre territoire ?
Est-ce que nous ne voyons pas chaque jour nos produits
copiés, contrefaits au dehors et livrés soit en Europe, soit
en Amérique, soit dans les autres parties du monde, avec
des désignations mensongères telles que : « Nouveautés de
Paris » etc. ? Est-ce que nous ne voyons pas chaque jour
des échantillons et des types de produits étrangers imitant
ou copiant les nôtres et qui nous arrivent par la voie des
acheteurs en deuxième ou troisième main ou des consommateurs eux-mêmes ?

En ce qui touche nos industries, c'est un fait d'expé-
rience quotidienne que tous les articles fabriqués en Prusse
ou en Autriche, sont revêtus des marques les plus renom-
mées des maisons françaises et de mentions empruntées à
la langue et à la fabrication nationales !

Cette manière de procéder est devenue une habitude tellement enracinée chez nos concurrents de l'étranger, que les produits de la lingerie exposés à Amsterdam par les Allemands sont tous présentés au public avec des bandes et des étiquettes ne portant que des désignations françaises. Quel plus éclatant aveu de leur faiblesse et de leur impuissance à créer peuvent faire des producteurs étrangers ! Mais il s'agit bien de questions d'amour-propre et d'orgueil national : la seule chose qui préoccupe nos concurrents étrangers, c'est de nous battre sur le terrain des intérêts et de nous enlever les affaires, même au prix des procédés les plus déloyaux et les plus coupables ! Or, quels peuvent être pour nous les moyens de fermer la porte à des fraudes si préjudiciables à nos intérêts ? à des fraudes qui se passent en dehors de nous et qui nous échappent par leur origine et par leur territorialité.

Vous savez, Messieurs, comment la contrefaçon du produit français s'obtient, se pratique et se répand. Les fabricants étrangers et, hâtons-nous de le dire, le plus souvent les fabricants allemands, ont recours à Paris à des commissionnaires ou à des agents pour se procurer les types des marchandises françaises plus goûtées et mieux vendues sur les marchés étrangers. Quand nos échantillons sont achetés, quand nos modèles sont obtenus, les concurrents d'outre-Rhin ou d'ailleurs les font copier en qualité plus ordinaire, quelquefois même en qualité très basse, afin d'obtenir un prix de revient plus modique et les revêtent soit de marques exactement pareilles à celles des maisons françaises concurrentes, soit de marques de nature à les rappeler et à tromper l'acheteur, soit de mentions telles que : *Paris. — Nouveauté de Paris. — Dernière Mode. — Paris : Déposé, Mode de Paris. Haute nouveauté, Fabrication supérieure.*

Voilà, Messieurs, vous le reconnaîtrez aisément le genre de fraude le plus difficile à saisir, à empêcher et partant le plus dangereux. Partis de Berlin ou de Vienne, les produits contrefaits, revêtus de nos marques, sont expédiés directement dans l'Amérique du Nord ou du Sud, surtout au Brésil. Autrefois, quelques fabricants étrangers

prenaient la peine de faire passer leurs produits revêtus
de marques françaises sur notre territoire, afin de les
franciser par le transit ou l'entrepôt : les marchandises
passaient en transit sur notre sol pour y conquérir de
fausses lettres de naturalisation. Aujourd'hui on ne re-
court plus à ce luxe de précautions, on envoie directement
du pays d'origine ou plutôt du lieu de contrefaçon. Quelquefois même, le client étranger se fait le complice de la
fraude qui est pratiquée contre la France et qui s'est
élevée, pour ainsi dire, à la hauteur d'une industrie d'un
nouveau genre. Il n'est pas rare, en effet, de voir ce
dernier recourir aux officines étrangères, pour avoir des
produits contrefaisants qu'il vend aux consommateurs de
son pays comme produits français.

Il résulte de faits semblables deux sortes de préjudice
dont notre pays souffre à un point qui impose l'attention
de tous : le préjudice matériel résultant de la perte d'un
chiffre d'affaires qui appartient de droit et logiquement à
la France ; le préjudice moral qui, dans une pareille
question, se lie intimement avec le premier et dont la conséquence la plus certaine est, de diminuer le renom
d'honneur et de loyauté si justement acquis au commerce
et à l'industrie français.

Dans ces conditions et jusqu'à ce jour, nos fabricants,
pour se défendre, ont eu recours aux procès en contrefaçon
ou en usurpation d'étiquettes et de marques. Ils ont fait
appel, pour se mettre à l'abri de ces fraudes, aux textes
des lois françaises et aux conventions internationales qui
ont garanti le respect de la propriété. Mais que de peines
et de soucis ; que de temps et de sacrifices, sont néces-
saires pour arriver non seulement à gagner, mais à en-
tamer un procès.

Pour agir, il ne suffit pas d'être contrefait, il faut surtout savoir qu'on est contrefait, ce qu'il n'est pas toujours
facile de connaître et ce que l'on n'apprend souvent
qu'après plusieurs années.

Quand un fabricant découvre ou est informé que sa
marque est frauduleusement imitée, il lui faut préparer
les éléments du procès ; saisir les produits fabriqués à

l'étranger, les faire venir en France ; obtenir la constatation de leur identité ; amener son adversaire devant le tribunal français ou le traduire devant les juges étrangers ; faire la preuve de son droit de propriété, en un mot, poursuivre la recherche de la vérité pendant des mois et des années entières ! Et quand tout cela a été fait et que, par exception, le succès a couronné les efforts et la persévérance infatigables du fabricant, si le jugemeut est rendu en France, il faut obtenir l'*executatur* du jugement, c'està-dire son exécution à l'étranger, ce qui n'est pas toujours aisé ni fécond en résultats pratiqués !

Il est vrai que le fabricant spolié est en possession d'un instrument judiciaire qui consacre et proclame son droit de propriété. Mais, pendant tout le temps qu'a duré le procès, la contrefaçon n'a pas désarmé, ne s'est pas arrêtée un seul instant et celui qui triomphe en justice n'en voit pas moins ses produits abandonnés, son industrie perdue et sa réputation ruinée ! C'est bien là une victoire à la Pyrrhus et de laquelle on peut dire que celui qui gagne a perdu à l'avance et non seulement dans le présent mais dans l'avenir !

Il ne suffit pas de s'appesantir sur une situation pareille, il faut y porter remède. C'est ce que s'est proposé la loi de 1873 relative à l'établissement d'un timbre ou signe spécial, destiné à être apposé sur les marques commerciales et de fabrique. Il suffit de lire l'exposé des motifs présenté par des membres de l'Assemblée nationale, auteurs de cette proposition de loi, pour être convaincu de l'ardeur patriotique qui les animait, et du désir qu'ils avaient de donner une garantie réelle aux marques de fabrique de nos nationaux.

« Dans la pensée de sauvegarder les intérêts réci-
« proques des producteurs des divers pays, on a introduit
« dans les traités certaines dispositions tendant à cons-
« tater l'origine des produits expédiés. Ainsi, pour établir
« que les produits sont d'origine ou de manufacture natio-
« nale d'un pays, l'importateur doit présenter à la douane
« de l'autre pays, soit une déclaration officielle faite devant

« un magistrat, siégeant au siège d'expédition, soit un
« certificat délivré par les consuls ou agents consulaires
« du pays, dans lequel l'exportation doit être faite et qui
« résident dans les lieux d'expédition ou les ports d'em-
« barquements, soit un certificat délivré par le chef du
« service des douanes du bureau d'exportation. Les con-
« suls ou agents consulaires respectifs légalisent les
« signatures des autorités légales. Enfin, l'importateur
« doit produire, en outre, une facture indiquant le prix
« réel et émanant du fabricant ou du vendeur. Cette fac-
« ture doit être visée par un consul ou agent consulaire
« de la puissance dans le territoire de laquelle l'importa-
« tation doit être faite.

« Mais toutes ces mesures n'offrent qu'une garantie
« complètement illusoire, car ces certificats sont délivrés
« sans contrôle, et en fût-il autrement, elles seraient encore
« inefficaces. — La facture, le certificat ne prouvait qu'une
« chose, c'est que tel négociant étranger a reçu telle
« quantité de produits français vrais, rien ne l'empêche
« de mêler ceux-ci à une masse de produits contrefaits et
« le certificat d'origine sert souvent à lui faciliter l'écou-
« lement de ces derniers.

« Pour que la garantie soit réelle, il faut que chaque
« produit porte lui-même son certificat d'origine. C'est
« dans cette pensée qu'un grand nombre d'industriels de-
« mandent depuis longtemps que l'Etat protège, moyen-
« nant le paiement d'un droit, les marques de commerce
« et de fabrique des producteurs français qui, par l'ap-
« position d'un timbre spécial, en reclameront l'appli-
« cation... »

Malheureusement cette loi, en passant par les bureaux,
par les commissions et par les discussions parlementaires,
à perdu son caractère de simplicité et est devenue plutôt
une loi fiscale qu'une loi protectrice des marques de fabrique. C'est ce qui résulte clairement de ces ligues dues
au rapporteur de la loi, M. Wolowski, le savant et regretté
professeur d'économie politique.

« Il s'agit, dit-il, d'une taxe purement facultative qui

« répondrait de la manière la plus directe à l'idée d'un
« *impôt-assurance* et qui ne serait acquittée que par
« ceux qui espéreraient tirer avantage de son paiement. De
« nombreuses industries, dont les produits sont exposés à
« des fraudes multipliées, et qui ont recours à la sauve-
« garde des *marques de fabrique*, désirent justifier cette
« garantie et demandent l'apposition d'un signe spécial,
« au moyen d'un poinçon de l'Etat sur les marques adop-
« tées par les fabricants.

« Le service qui serait ainsi rendu par l'Etat à l'indus-
« trie, serait rétribué au moyen d'une taxe proportionnelle
« à l'importance du produit.

. . . . »)

« La multiplicité des marques déposées et la variété
« des marchandises dont elles attestent la provenance,
« montrent suffisament qu'il ne s'agit ici ni d'une vaine
« tentative, ni d'une recette à dédaigner. Dans la situa-
« tion du trésor, il ne faut rien négliger. Toute économie
« possible à faire, doit être appliquée aux dépenses et
« toute perception facile à obtenir s'impose à notre ac-
« ceptation. Or, il s'agit ici d'une taxe réclamée par les
« contribuables eux-mêmes. »

Qnelques critiques qu'on puisse formuler contre la loi
de 1873 et elles sont nombreuses, il n'est pas douteux
qu'elle a cherché à apporter aux marques de fabrique commerciales et industrielles une force et une protection cui
étaient jusque là inconnues.

En vertu de l'article 1er l'Etat a garanti et pour ainsi
dire fait siennes toutes les marques de fabrique déposées
en vertu de la loi de 1857 : c'est sous la sauvegarde du
gouvernement que toutes les marques particulières ont été
désormais placées. Aussi la loi de 1873 dispose dans son
art. 6 que, s'il est mis en vente des produits contrefaisant
les produits sur lesquels est apposée la marque ou le
poinçon de l'Etat, la contrefaçon ou la falsification sera
punie de la peine portée en l'art. 140 du Code pénal,
c'est-à-dire de la peine des travaux forcés à temps, et cela
sans préjudice des réparations civiles.

La contrefaçon ou falsification constitue un crime qui rend ses auteurs justiciables de la Cour d'assises. (1)

Si c'est un Français qui s'est rendu, hors du territoire de France, coupable du crime prévu et puni par la loi de 1873, il est hors de doute que ce criminel pourra être poursuivi et jugé en France.

Si c'est un étranger qui, hors de notre territoire, s'est rendu coupable du même crime, c'est-à-dire de la contrefaçon du timbre de l'Etat, soit comme auteur, soit comme complice, le gouvernement français pourra demander son extradition et après l'avoir obtenue, poursuivre et juger le le coupable d'après les dispositions des lois françaises; il est bien entendu, et par à *fortiori*, que s'il est arrêté en France, il en sera de même.

On voit aisément quels avantages considérables résultent d'une pareille loi qui assimile la contrefaçon d'une marque particulière revêtue du timbre ou de la marque de l'État, à la marque même de l'Etat et qui punit le contrefacteur des marques estampillées par l'Etat des mêmes peines et par les mêmes voies que les contrefacteurs des sceaux de l'Etat. Qu'arrivera-t-il en effet dans la pratique? Ou les contrefacteurs établis à l'étranger (et ce sont les plus redoutables) imiteront la marque du fabricant sans imiter la marque de l'Etat, et il sera possible et facile de démasquer la contrefaçon ; ou ils imiteront simultanément la marque du fabricant et la marque de l'Etat, et ils pourront être poursuivis par les tribunaux français, même pour ces crimes de contrefaçon accomplis hors du territoire de France. Et ce n'est pas tout, en vertu de l'art. 5, nos consuls à l'étranger auront mission de dresser les procès-verbaux des usurpations de marques et de les transmettre à l'autorité compétente.

Au moment où une commission spéciale s'occupe de modifier l'organisation des consulats et de proposer une représentation plus complète, plus active et plus autorisée de la France à l'Etranger, il n'est pas inutile de rappeler cette disposition de l'art. 5 et d'insister sur les services

(1) Pouillet, p. 274.

considérables que les consuls pourraient rendre à notre pays en signalant et en poursuivant les contrefaçons et les faits de concurrence déloyale des commerçants étrangers ! La loi de 1873 leur met entre les mains un instrument de combat des plus précieux et des plus féconds.

Comment se fait-il qu'avec toutes les qualités qui distinguent la loi de 1873 et tous les avantages qu'elle accorde aux propriétaires de marques de fabrique, les fabricants n'aient pas eu plus souvent recours à elle. Cela tient à de nombreuses causes parmi lesquelles il faut mentionner d'abord l'ignorance dans laquelle nous sommes de notre législation ; ensuite, l'indifférence coupable qui nous fait déserter la défense de nos intérêts les plus vitaux ; enfin, les défauts mêmes de cette loi de 1873.

Nous avons indiqué un très grave défaut de cette loi, en énonçant qu'elle était devenue purement une loi fiscale. Le caractère de fiscalité si nuisible à la loi et qui paraît si clairement dans les textes que nous avons examinés successivement, a été encore aggravé par les règlements d'administration publique, destinés à fixer les tarifs de la marque gouvernementale et du poinçonnage de l'Etat.

Citons quelques-uns des tarifs édictés :

Décret du 25 juin 1874

TITRE II.

De l'apposition du timbre.

ART. 4. — Les droits de timbre à percevoir en exécution de l'article 2 de la loi susvisée du 26 novembre 1873, pour les étiquettes, bandes ou enveloppes en papier sur lesquelles figurent des marques de fabrique ou de commerce, sont fixés ainsi qu'il suit, savoir :

1 centime par chaque marque timbrée se rapportant à des objets d'une valeur de 1 franc et au-dessous.

2 centimes s'il s'agit d'objets d'une valeur supérieure à 1 franc jusqu'à 2 francs.

3 centimes s'il s'agit d'objets d'une valeur supérieure à 2 francs jusqu'à 3 francs.

5 centimes s'il s'agit d'objets d'une valeur supérieure à 3 francs jusqu'à 5 francs.

10 centimes s'il s'agit d'objets d'une valeur supérieure à 5 francs jusqu'à 10 francs.

20 centimes s'il s'agit d'objets d'une valeur supérieure à 10 francs jusqu'à 20 francs.

30 centimes s'il s'agit d'objets d'une valeur supérieure à 20 francs jusqu'à 30 francs.

50 centimes s'il s'agit d'objets d'une valeur supérieure à 30 francs jusqu'à 50 francs.

1 franc s'il s'agit d'objets d'une valeur supérieure à 50 francs.

TITRE III.

De l'apposition du poinçon.

ART. 8. — Les droits de poinçonnage à percevoir en exécution des articles 2 et 3 de la loi du 26 novembre 1873, pour les étiquettes et estampilles en métal sur lesquelles figurent les marques de fabrique ou de commerce, ou pour les marques faisant corps avec l'objet lui-même, sont fixés ainsi qu'il suit :

VALEURS pour chaque objet d'une valeur déclarée	Classes	Etiquettes et estampilles présentés sans l'objet qui doit les porter	Marques fixées sur l'objet ou faisant corps avec l'objet lui-même
De 5 fr. et au-dessous. . . .	1re	0,05	0,06
De 5 fr. 01 à 10 fr.	2e	0,10	0,12
De 10 fr. 01 à 20 fr	3e	0,20	0,24
De 20 fr. 01 à 30 fr.	4e	0,30	0,36
De 30 fr. 01 à 50 fr.	5e	0,50	0,6')
De 50 fr. 01 à 100 fr.	6e	1, »	1,20
De 100 fr. 01 à 200 fr. . . .	7e	2, »	2,40
De 200 fr. 01 à 350 fr. . . .	8e	3,50	4,20
De 350 fr. 01 et au-dessus.	9e	5, »	5, »

Le prix du timbre et du poinçon représente, on le voit, de 1 à 1 1/2 0/0, quelquefois 2 0/0, de la valeur du produit vendu. Il y a là évidemment une exagération de prix qui, nous le répétons, a pour beaucoup, sinon pour la totalité, nui au développement et à la mise en pratique de cette loi de 1873, d'ailleurs excellente dans son principe et dans ses intentions.

Ajoutez à cet inconvénient des plus sérieux d'autres dispositions également fâcheuses telles que le droit de faire apposer le timbre de l'Etat sur les produits de tous les propriétaires de marques de fabrique, *même si ces propriétaires sont étrangers* ou résidents en France non naturalisés ; enfin la nécessité de ne pas vendre les objets timbrés ou poinçonnés à un prix supérieur à celui correspondant à la quotité du timbre ou du poinçon.

C'est l'examen de tous ces défauts et de toutes ces lacunes de la loi de 1873 et la conviction profonde que cette loi refaite pourrait présenter des avantages exceptionnels, qui nous ont encouragés à proposer de modifier le texte de cette loi de la manière suivante :

ARTICLE PREMIER.— Tout *fabricant français ou naturalisé français*, propriétaire d'une marque de fabrique déposée conformément à la loi du 23 juin 1857, exerçant son industrie en France ou dans les possessions françaises, pourra être admis, sur sa réquisition écrite, à faire apposer par l'Etat soit sur les étiquettes, bandes ou enveloppes en papier, soit sur les étiquettes ou estampilles en métal sur lesquelles figure sa marque, un timbre ou poinçon spécial destiné à affirmer l'authenticité de cette marque et le lieu d'origine des produits fabriqués.

ART. 2. — L'apposition de ce timbre ou de ce poinçon ne pourra être obtenue que pour les produits fabriqués en France ou dans les colonies françaises ; — la réquisition écrite devra contenir une déclaration particulière relative au lieu d'origine et au prix de vente des produits soumis à la marque et au poinçon.

ART. 3. — Il sera perçu au profit de l'Etat, par chaque

apposition du timbre ou du poinçon, un droit qui ne pourra excéder un dixième pour cent pour tout produit dont la valeur soit à la pièce, soit à la douzaine n'excédera pas vingt francs.	20 fr.

Un droit qui ne pourra excéder un huitième pour cent pour tout produit dont la valeur, soit à la pièce, soit à la douzaine, sera de vingt francs à cinquante francs. .	20 fr. à 50 fr.

Un droit d'un quart pour cent pour tout produit dont la valeur, soit à la pièce, soit à la douzaine, sera de cinquante à cent francs. .	50 fr. à 100 fr.

Un droit d'un demi pour cent pour tout produit dont la valeur, soit à la pièce, soit à la douzaine, sera de cent à cinq cents francs. .	100 fr. à 500 fr.

Un droit d'un pour cent pour tout droit dont la valeur, soit à la pièce, soit à la douzaine, sera de cinq cents francs et au-dessus. . . .	500 fr. et au-dessus.

ART. 4. — La quotité des droits perçus au profit du Trésor sera proportionnée à la valeur des objets sur lesquels doivent être apposées les étiquettes soit eń papier, soit en métal et à la difficulté de frapper d'un poinçon les marques fixées sur les objets eux-mêmes.

Cette quotité sera établie par des règlements d'administration publique qui ne devront en aucun cas dépasser les droits maxima indiqués par l'article 3 et qui détermineront en outre les métaux sur lesquels le poinçon pourra être appliqué, les formes des réquisitions et déclarations d'origine, les conditions à remplir pour être admis à obtenir l'apposition des timbre ou poinçon, les lieux dans lesquels cette apposition pourra être effectuée, ainsi que les autres mesures d'exécution de la présente loi.

Les contraventions aux articles précédents seront constatées, dans tous les lieux ouverts au public, par tous les agents qui ont droit de verbaliser en matière de timbre et de contributions indirectes, par les agents des postes et par ceux des douanes, lors de l'exportation. Il leur sera accordé un quart de l'amende ou portion de l'amende recouvrée.

Les contraventions seront constatées et les instances seront suivies et jugées, savoir : 1° comme en matière de timbre, lorsqu'il s'agira du timbre apposé sur les étiquettes, bandes ou enveloppes en papier; 2° comme en matière de contributions indirectes, en ce qui concerne l'application du poinçon.

Art. 5. — Les consuls de France à l'étranger auront qualité pour dresser les procès-verbaux des usurpations de marques et les transmettre à l'autorité compétente.

Art. 6. — Ceux qui auront contrefait ou falsifié les timbres ou poinçons établis par la présente loi; ceux qui auront fait usage des timbres ou poinçons falsifiés ou contrefaits, seront punis des peines portées en l'article 140 du code pénal et sans préjudice des réparations civiles.

Tout autre usage frauduleux de ces timbres ou poinçons, et des étiquettes, bandes, enveloppes et estampilles qui en seraient revêtues, sera puni des peines portées en l'article 142 dudit code. Il pourra être fait application des dispositions de l'article 463 du code pénal.

Art. 7. — Le timbre ou poinçon de l'Etat apposé sur une marque de fabrique ou de commerce, fait partie intégrante de cette marque.

A défaut par l'Etat de poursuivre en France ou à l'étranger, la contrefaçon ou la falsification desdits timbres ou poinçons, la poursuite pourra être exercée par le propriétaire de la marque.

Art. 8. — La présente loi sera applicable dans les colonies françaises et en Algérie.

Art. 9. — Les étrangers établis en France ne pourront obtenir l'apposition du timbre ou du poinçon de l'Etat que dans le cas où la législation de leur pays ou des traités internationaux assureraient aux Français les mêmes avantages, et seulement pour les produits émanant des établissements situés sur le territoire français.

Voilà, Messieurs, la loi nouvelle que nous vous proposons de substituer à celle de 1873 et qui, selon nos faibles lumières, nous paraît de nature, plus que tout autre moyen, à empêcher ou à supprimer les effets de la concurrence déloyale et de la contrefaçon éhontée des étrangers.

Il n'est pas douteux, Messieurs, que s'il existait une loi garantissant officiellement et *moyennant un droit très modique* nos marques particulières et portant à la connaissance du public et des consommateurs, d'une manière authentique, le lieu d'origine de la marchandise, tous les fabricants français s'empresseraient d'avoir recours à ses dispositions bienfaisantes et tutélaires.

D'autre part, une loi de cette nature appliquée de la façon la plus large et sinon par tous, du moins par presque tous les fabricants français, ne tarderait pas être connue au dehors par nos clients les plus éloignés et par les consommateurs eux-mêmes. Ceux-ci s'habitueraient à demander et à rechercher la marque officielle apposée sur les produits français, la seule, d'ailleurs, qui puisse révéler l'origine exacte de la marchandise! Cette marque deviendrait comme la pierre de touche de l'industrie nationale.

S'il est vrai qu'une faveur particulière (ce que notre passé industriel et commercial démontre à satiété) s'attache aux articles francais ; s'il est vrai que, malgré les contrefaçons grossières et perfides dont nous avons été l'objet dans ces dernières années, l'acheteur a confiance dans les produits qui sortent du sol national ou des mains des ouvriers français, notre clientèle étrangère s'attachera de plus en plus à notre marque et celle qui peut avoir abandonné nos marchés ou nos comptoirs ne tardera pas à faire un retour vers nous.

Au point de vue international, le projet de loi que nous proposons ne présente pas la moindre difficulté ; car il appartient aux étrangers de prendre, si bon leur semble, les mêmes mesures chez eux, et de protéger à leur manière les marques de leurs nationaux.

Au point de vue intérieur, cette loi accorderait à chaque fabricant, à condition toutefois de remplir les formalités et prescriptions édictées par elle, le droit d'attacher à ses produits un certificat d'origine et, disons mieux, un véritable acte de naissance.

« Il n'y a pas, disait Chaptal, dans son rapport sur la loi
« de 1824, de propriété plus sacrée que le nom d'un fabri-
« cant qui, par un travail assidu, une conduite sans tache
« et des découvertes heureuses, s'est placé honorablement
« parmi les créateurs des industries utiles. Le nom d'un
« fabricant devenu célèbre par la supériorité constante de
« ses produits, la fidélité et la bonne foi dans ses relations
« commerciales, de même que celui d'une ville qui a créé
« un genre d'industrie connu et réputé, sont plus qu'une
« propriété privée ; ils forment une propriété publique et
« nationale. »

On pourrait ajouter à cette admirable théorie de Chaptal, que s'il en est ainsi du nom d'une ville, il est est de même du nom d'une nation qui a toujours été reconnue autant pour la supériorité de ses produits que pour la loyauté de son caractère.

En résumé, nous demandons la réforme des lois de 1857 et de 1873.

1° Pour la loi de 1857, nous appelons de tous nos vœux la modification de l'article 19 dans les termes proposés par le rapporteur de la Chambre de commerce et adoptés par la Chambre entière.

2° Pour la loi de 1873, nous proposons des modifications si sérieuses, si profondes, que cette loi sera, pour ainsi dire, méconnaissable et deviendra une loi nouvelle, plus pratique, plus démocratique et plus efficace que l'ancienne.

Grâce à cette nouvelle loi, grâce au timbre et au poinçon officiels émanant de l'Etat et mis à des prix très modiques à la disposition de tous les fabricants, on pourra vraiment dire que la France vit tout entière dans les produits et dans les manifestations de son industrie et de son commerce et qu'elle a les moyens d'en assurer le respect au dedans et au dehors. Les marques des produits français cesseront bientôt d'être contrefaites, usurpées ou imitées, parce que tous les étrangers sauront que derrière le plus mince produit de notre industrie, l'Etat veille et se tient prêt à défendre l'intelligence, l'activité, la propriété et l'honneur de ses enfants!

Julien HAYEM.

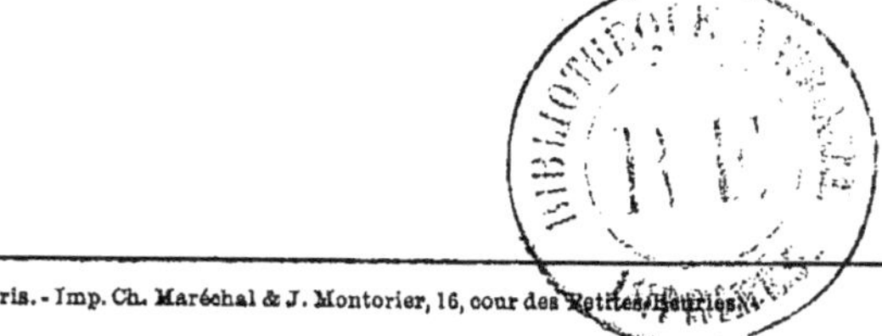

Paris. - Imp. Ch. Maréchal & J. Montorier, 16, cour des Petites-Écuries.